Inhalt

Impressum

Bibliografische Information der Deutschen Nationalbibliothek: Die Deutsche Nationalbibliothek verzeichnet diese Publikation in der Deutschen Nationalbibliografie; detaillierte bibliografische Daten sind im Internet über dnb.dnb.de abrufbar.

© 2020 Bertram Wojaczek
Herstellung und Verlag: BoD – Books on Demand, Norderstedt
ISBN: 978-3-7526-1134-2

Vorwort

Dieser Essayband soll der Auftakt zur Veröffentlichung weiterer Essays sein. Beide Essays behandeln, teils mehr, teils weniger, Fragen an der Schnittstelle von Wissenschaft und Politik und nehmen entschieden Stellung.

Diskutiert wird erstens, wie politisch bzw. wie politisch ausgerichtet der Deutsche Historikerverband nach außen hin auftreten sollte, zweitens wird erörtert, wie politisch die historische Methode der Globalgeschichte in gewisser Hinsicht ist.

In der Kürze liegt die Würze.

B.W.

3

Die Verbandspolitik des Deutschen Historikerverbandes

Der 52. Deutsche Historikertag, der vom 25. bis 28. September 2018 an der Westfälischen Wilhelms-Universität Münster stattfand, hat eine Erklärung „zu gegenwärtigen Gefährdungen der Demokratie" beschlossen, die vor „maßlosen Angriffen" insbesondere auf die hiesige Demokratie warnt. Die nachstehende Erörterung stellt eine Kritik an dieser Resolution und somit auch an der Verbandspolitik des Deutschen Historikerverbandes dar.

Bezeichnete Resolution skizziert fünf „Grundhaltungen demokratischen Miteinanders" und fordert ihre, wenn man so möchte, Einhaltung ein, da sie für „unverzichtbar" gehalten werden. In dem Papier ist wiederholt von *Demokratie* (*demokratisch*) die Rede, ja es wird beim Leser wohl ganz bewusst der Eindruck zu erwecken versucht, die Unterzeichner der Resolution, mithin der Historikerverband, würden die Deutungshoheit über die Semantik des *Demokratie*-Begriffs besitzen. Auch nach zwei Jahren ist es für mich wenig verständlich, dass eine ganze Reihe von namhaften und hochqualifizierten Wissenschaftlern – noch dazu Historikern – diese Resolution formulierten und unterzeichneten.

Das ‚demokratische Miteinander' hierzulande ist durch die *Freiheitliche Demokratische Grundordnung* (FDGO) geregelt. Die einzelnen Artikel des Grundgesetzes sowie die diese Normen betreffende gerichtliche Spruchpraxis und schließlich die verfassungsrechtliche Forschung bieten hinreichend Material, um sich seiner staatsbürgerlichen ‚Grundhaltung' gegenüber sich selbst und gegenüber seinen Mitbürgern zu vergewissern.

Daraus folgt: Eine Resolution diesen Inhalts erscheint nicht notwendig. FDGO und ‚demokratisches Miteinander' sind in obiger Literatur ausführlich dargelegt. Dort kann sich jeder Staatsbürger – und jedes VHD-Miglied – ergiebig informieren, was *Demokratie* meint.

Gewiss: Jeder Historiker kann den Demokratie-Begriff historisch deuten, seine semantischen Veränderungen im Lauf der Geschichte nachzeichnen und ihn definieren. Aber dies wäre ein wissenschaftlicher Vorgang und ein apodiktisch anmutender

Verbandsbeschluss kann kein gültiger Ersatz hierfür sein. Und mitnichten sollte ein geschichtswissenschaftlicher Großverband eine derart einfache Deutung von *Demokratie* heranziehen, um derart auf dessen Grundlage (Fach-)Politik zu betreiben.

Oft ist es ja so, dass man heute dem im Dritten Reich tätigen und daher dem Nationalsozialismus möglicherweise nahestehenden Historiker seine Haltung vorwirft und sie öffentlich ‚verurteilt‘. Man muss dies aber in einem breiteren Licht sehen: Jede Zeit und jede Epoche hat die mehr oder minder ausgeprägte Tendenz, sich von vergangenen Zeiten oder Epochen abzugrenzen. Es wäre also – vor dem Hintergrund dieser Tatsache – eher angezeigt, sich selbst – vor allem als Wissenschaftler – zu reflektieren und sein Tun und seine Stellung in der Gesellschaft sachlicher, wissenschaftlicher und mit mehr Abstand zu sich selbst zu bewerten. Dies beträfe vor allem Stellungnahmen im Kontext der Tagespolitik.

Entsprechend konform mit der aktuellen Tagespolitik geht nun ziemlich deutlich der VHD, indem er diese Resolution verabschiedet: Die Resolution spricht ja, wie leicht angerissen, nicht lediglich für die FDGO, denn dann wäre sie, wie skizziert, annähernd unnötig, sondern sie stützt auch das derzeitige politische Handeln gewisser Parteien und der ihnen nahestehenden Historiker.

Zweitens ist die Erklärung folglich ganz eindeutig politisch motiviert, auch wenn es wenig glaubwürdige Historiker-Stimmen gibt, die dies verneinen und die daher wohl nur vordergründig von einem Interesse an *unverzichtbaren demokratischen Grundhaltungen* geleitet sind.

Heuer gab es politisch motivierte Beschmutzungen von Statuen und Denkmälern. Warum nimmt der VHD hierzu nicht Stellung? Er schweigt, obwohl er hier die Gelegenheit hätte, unbequem zu sein. Entweder, so darf man unterstellen, nimmt der VHD jene Taten nicht zur Kenntnis, hat keine Meinung hierzu, befürwortet die Vorgänge insgeheim, oder sieht es, aber lehnt sich (aus politischen Gründen?) zurück.

Drittens ist es meines Erachtens weder primäre Aufgabe des Historikerverbandes, sich derart abstrakt oder unspezifisch zur hiesigen und jetzigen Lage des „demokratischen Miteinanders" zu äußern noch unter Verwendung des *Demokratie*-Begriffs eine – es sei nochmals erwähnt: bislang maßgebende – politische Denke zu stützen. Klar ist aber auch: Die mutmaßlich parteipolitische Haltung, die der Verband in der Resolution impliziert und vornimmt, ist für sich genommen legitim. Sie sollte sich der Verband aber dennoch nicht derart auf die Fahne schreiben. Der VHD hat politisch neutral zu sein.

Ist es nicht vorrangige Aufgabe des Verbandes, *Fach*politik zu betreiben? Ja. Dieses Papier aber könnte (fach-)politische Spaltung bewirken. Dies ist ein wesentlicher Kritikpunkt. Wesentlich geschickter wäre es möglicherweise gewesen, zu versuchen, in einem solchen Fall bzw. vor dem Hintergrund der augenblicklichen gesellschaftlichen Entwicklung (fach-)politischen Zusammenhalt zu erzeugen. Freilich ist dies schwierig. Es könnte aber dadurch erfolgen, indem der VHD sich keine politische Meinung aneignet und *neutral* Stellung bezieht – oder eine Stellungnahme in vornehmer Zurückhaltung gänzlich unterlässt, was zu bevorzugen würde.

Ferner erzeugt ein Verband fachpolitischen Zusammenhalt, indem er die, wenn man so möchte, wissenschaftliche Freiheit (in alle Richtungen hin) sowie ganz besonders die Stellung des Verbandes verteidigt, sofern diese – was derzeit nicht der Fall ist – akut und elementar bedroht ist.

Was zählen muss, sind wissenschaftliche und nicht politische Maßstäbe. Es gibt nämlich nicht wenige Zeithistoriker, die – nicht nur, aber *auch* aus politischen Gründen – ihr geschichtswissenschaftliches Dasein und Wirken in Nischen fristen, für deren Tun – freilich ohne es inhaltlich zu befürworten – sich der VHD aber kaum stark macht.

Die Resolution muss sich die berechtigten Vorwürfe gefallen lassen, nicht unbequem, sondern bequem zu sein, nicht durchdacht, sondern undurchdacht zu sein. Ich möchte die vorsichtige Behauptung aufstellen, dass „im Ernstfall" wohl nur sehr wenige von denen, die bezeichneten Beschluss befürworteten bzw. für dessen Verabschiedung sorgten, die Demokratie, oder das, was sie dafür halten, mit Leib und Leben oder zumindest unter Inkaufnahme erheblicher privater und beruflicher Konsequenzen verteidigen würden. Es ist auch ungeschickt, eine Resolution nach ihrer Verabschiedung deutlich intensiver als zuvor zu diskutieren und dabei den Eindruck erwecken, als sei dies ein völlig gewöhnlicher Ablauf.

In der Resolution lautet es weiters: „Heutige Beschimpfungen von Politikern als ‚Volksverräter' oder

der Medien als ‚Lügenpresse‘ nehmen die antidemokratische Sprache der Zwischenkriegszeit wieder auf.“ Zeigt ein Blick in die Geschichte nicht, dass nicht nur in der deutschen Zwischenkriegszeit Politiker beschimpft und Medien als ‚Lügenpresse‘ verunglimpft wurden? Jenes trifft doch auch auf die 68er-Bewegung zu, die den derzeitigen politischen Diskurs und daher auch die Resolution – so darf man folgern – geistig mitprägt.

Des Weiteren heißt es in der Resolution: „Migration ist eine historische Konstante. Ungeachtet aller mit ihr verbundenen Probleme hat sie die beteiligten Gesellschaften insgesamt bereichert – auch die deutsche. Deshalb ist auf eine aktive, von Pragmatismus getragene Migrations- und Integrationspolitik hinzuarbeiten, die sowohl die Menschenrechte als auch das Völkerrecht respektiert.“ Hierzu ein kurzer Blick in die Geschichte: Polen wurde 1793 und 1795 territorial aufgeteilt. In Preußen stieg dann aufgrund der dazugewonnen Gebietsgewinne die Bevölkerung erheblich an. Von einer ‚Bereicherung‘ der „beteiligten Gesellschaften“ kann aber letzthin nur schwerlich die Rede sein, dies ist der Literatur zu entnehmen: Die polnische Bevölkerung Preußens war bekanntlich bis in die Weimarer Republik desintegriert.

Sicherlich handelt es sich hier nicht um Migration, doch was dieses Beispiel zum Ausdruck bringt, ist klar.

Migration bzw. Immigration zu beschreiben oder zu erklären, verlangt hochkomplexe wissenschaftliche Studien. Massenimmigration abzulehnen oder zu befürworten, ist legitim. Aber geschieht dies oder jenes in einer Resolution eines wissenschaftlichen Großverbandes, so macht man sich aus fachlicher Sicht angreifbar.

Schließlich kommt diese Resolution leider nicht der Eigenbeschreibung des Dachverbandes nach: „Der Verband der Historiker und Historikerinnen Deutschlands e.V. ist die Interessenvertretung des *Faches* Geschichte gegenüber gesellschaftlichen Organisationen und staatlichen Behörden...“, es heißt also: „des *Faches Geschichte*“, das heißt: der Geschichtswissenschaft. Ist es im Interesse oder ist es das Wesen eines nationalen Historiker-Interessenverbandes, politische Stellungnahmen dieser Art zu verabschieden? Ich sage: Nein.

Globalgeschichte.
Geschichtswissenschaft in politischer Absicht?

Die nachfolgenden Ausführungen möchten die politische Zielsetzung der – innerhalb der Geschichtswissenschaft – zeitmodischen Globalgeschichte (*Global History*) erhellen. Einem konservativ orientierten Geschichtswissenschaftler dürfte sie erheblich Reibungsfläche bieten. Aber auch dem unpolitischen Historiker, der eine Resolution eines wissenschaftlichen Großverbandes unterstützt, die sich „gegen den politischen Missbrauch von Geschichte"[1] ausspricht, müssen die Voraussetzungen der Globalgeschichtsforschung wohl Fragen aufwerfen. Der Beitrag gliedert sich in drei Abschnitte.

Zunächst (I.) soll knapp skizziert werden, wie das Ende der Ära Napoleons gleichsam die Entstehung des

---

[1] Resolution des Verbandes der Historiker und Historikerinnen Deutschlands zu gegenwärtigen Gefährdungen der Demokratie vom 27.09.18,
URL:
https://www.historikerverband.de/verband/stellungnahmen/resolution-zu-gegenwaertigen-gefaehrdungen-der-demokratie.html [zul. abgeruf. am 5.12.2020].

Historismus einleitete, welcher die Universalhistorie der Spätaufklärung beiseite schob. Manch deutsche Gelehrtenstube schöpfte nun ein Geschichtsdenken, deren Erkenntnisinteresse der deutschen Nation galt.

Die gegenwärtige Lage kann man – verkürzt gesprochen – als die politische Revitalisierung der Nation oder begreifen. Sie steht immer mehr im Begriff, für einen gewissen Teil der Bevölkerung politische Antworten auf Masseneinwanderung (wo ja EU-weit keine Einigkeit herrscht), EU-Skepsis (siehe Brexit) und Corona-Krise (hier handelten etwa in Deutschland zu Beginn sogar die Bundesländer und nicht der Bund) zu liefern. Auch gibt es kein EU-weit einheitliches Vorgehen bei der Corona-Krise.

Andererseits begleiten viele deutsche Staatsbürger diesen Umbruch vermutlich eher desinteressiert und am politischen Leben unbeteiligt. Wie auch immer. Jedenfalls ist es nun Sache entweder der wenigen Historiker, die als Konservative auch im politischen Feld aktiv sind, oder aber derjenigen Geschichtswissenschaftler, die außerhalb der Wissenschaft öffentlich völlig unpolitisch auftreten – gleichwohl am politischen Zeitgeschehen interessiert sind –, die Fundamente manch modisch gewordener Forschungsrichtungen ihres Fachs zu hinterfragen: Die

Globalgeschichte, deren politischer Unterbau nachfolgend kurz skizziert sei (II.), stellt eine solche Richtung dar. Während sie als *geschichtswissenschaftliche Methode* durchaus brauchbar und legitim ist, ist Globalgeschichte als *geschichtliches Denken* verräterisch: Ähnlich dem Historismus hat, so zeigt sich, manch einer ihrer Verfechter nämlich auch politische Absichten. Die Schlussbetrachtung (III.) bietet hierzu Überlegungen an, die sich für eine „Wiederbelebung" des (deutschen) Historismus einsetzen.

I.

Die Weltgeschichtsschreibung der Spätaufklärung hatte noch sowohl geisteswissenschaftliche als auch naturwissenschaftliche Grundlagen. Auf sie folgte im 19. Jahrhundert die Hinwendung zu einer Historie, welche die Wandelbarkeit des Geistes in der Geschichte der Menschheit betonte, der alles durchwalte, und die auch das politische Denken einer ganzen Zeit beeinflusste. Man identifiziert daher J. G. Herder als ideellen Vorkämpfer des Historismus, denn dieser hatte sich bereits im 18. Jahrhundert bemüht, das je Individuelle insbesondere der Nationen philosophisch einzufangen. Als Wissenschaft lässt der Historismus die Gegenwart außer Acht und betont den geistigen Eigenwert vergangener Zeitabschnitte: Er ist darauf aus, nicht die Begriffe der Zeitgenossen in seine Beschreibung vorvergangener Zeiten hineinzutragen, er will nicht moralisieren, sondern ergründen „wie es eigentlich gewesen ist" (Leopold von Ranke). Um das geistige Proprium jeder Epoche objektiv aufzuzeigen, *interpretiert* der Historismus die historischen Quellen, er stellt sie nicht wie ehedem bloß dar. Ein historistisch schaffender Historiker historisiert sich idealiter selbst. Er ist demütig vor der Geschichte, indem er jeder Epoche ihren je eigenen Wert beimisst.

Zumeist erforscht der Historiker, der methodisch dem Historismus nachgeht, vor allem das politische Denken und Handeln der Staatsmänner (oder -frauen), die politische Ideengeschichte, (militärisch-)außenpolitische Ereignisgeschichte (z. B. Kriegsursachenforschung) sowie die Verfassungsgeschichte. Gewiss, der Historismus als geschichtswissenschaftliche Herangehensweise hat vielfältige Charaktere und Schulen hervorgebracht. Erinnert sei vor allem an die politisch agitierende kleindeutsch-borussische Schule – mit all ihren Höhen und Tiefen – und mit ihrem herausragenden Vertreter H. v. Treitschke.

Doch jeder, der meint, Treitschke sei vor dem Hintergrund der politischen Entwicklungen seiner Zeit ein rein karrieristisch orientierter Heilshistoriker gewesen,[2] geht wohl irre: Dem propreußisch gesinnten Historiker war es lange Zeit versagt, in Preußen wissenschaftlich zu wirken, zu eigenwillig war er doch. Bismarcks zweimalige Einladung, an seinem Hofe zu schreiben, lehnte er zunächst vehement ab: Er selbst wolle die Politik so, wie es ihm gefalle, entweder loben oder aber attackieren, ließ der Historiker Bismarck wissen.[3] Großen Erfolg hatte Treitschke mit seiner fünfbändigen „Geschichte Deutschlands im 19. Jahrhundert", verfasst in seinen

---

[2] So stellte bspw. der Institutsdirektor des IfZ, Andreas Wirsching, Treitschkes Wirken grundsätzlich infrage, vgl. Andreas Wirsching, Von der Lügenpresse zur Lügenwissenschaft?. Zur Relevanz der Zeitgeschichte als Wissenschaft heute, in: Zeitgeschichte-online, April 2018, URL: https://zeitgeschichte-online.de/geschichtskultur/von-der-luegenpresse-zur-luegenwissenschaft [zul. abgeruf. am 24.3.2020]: „Das war die Illusion der Zeithistoriker des 19. Jahrhunderts wie zum Beispiel die des Georg Gottfried Gervinus oder auch seines Antipoden und Schülers Heinrich von Treitschke. Beide stellen auf ihre Art ein reiches Anschauungsmaterial zur Verfügung, welche Irrwege und Fallstricke eine Zeitgeschichte bereithält, die sich als normativ grundierte Vorgeschichte der Gegenwart versteht."
[3] Vgl. hierzu Ulrich Langer, Heinrich von Treitschke. Politische Biographie eines deutschen Nationalisten, Düsseldorf 1998, S. 115ff.

Berliner Jahren und nahezu unerreicht im Stil: „Nichts unheimlicher im Leben der Völker als das langsame Nachwirken der historischen Schuld"[4], heißt es dichterisch im ersten Band, als der Historiker sich den Befreiungskriegen zuwendet.

II.

Die modern gewordene Globalgeschichte hingegen, der sich die nachstehenden Ausführungen widmen, besieht gern „Raum" und „Zeit" oder „Verbindungen" bzw.: „Nicht-Verbindungen"[5] in der Geschichte und stellt dadurch – methodisch – den politikgeschichtlichen Eigenwert der Nationen infrage, (geschichts-)politisch zieht sie – so die (zugegeben überspitzt formulierte) Annahme – gegen das Recht auf nationale Souveränität zu Felde. Manchmal tut die Globalgeschichte – wie auch die große Politik hierzulande – gar gern so, als gäbe es ,Globalisierung' nun ,erstmals' heute oder ,erst' seit der Industrialisierung oder ,nicht vor' der Frühen Neuzeit.

---

[4] Heinrich von Treitschke, Deutsche Geschichte im 19. Jahrhundert: Erster Teil. Bis zum zweiten Pariser Frieden, Leipzig 1927, S. 395.

[5] Vgl. Roland Wenzlhuemer, Globalgeschichte schreiben. Eine Einführung in 6 Episoden, Stuttgart 2017, S. 5f. (Inhaltsverzeichnis).

18

Es muss an dieser Stelle nicht eigens darauf hingewiesen werden, dass bereits die Ur- und Frühgeschichte von einer Art „Globalisierung" menschlichen Lebens geprägt gewesen war. Man denke an die Linearbandkeramische Kultur, die vermutlich ihren geographischen Ursprung, der Fachmann möge nun berichtigen, im heutigen Süd-Osteuropa hat, und die sich über ganz Mitteleuropa ausbreitete. Sicherlich weiß man von weiteren Beispielen aus dieser Zeit. Und „Globalisierung" gab es auch bei den Wikingern: Beispielsweise fand man in Skandinavien arabische Münzen, die aus dem 8. bis 11. Jahrhundert stammen, weiter weiß man von Handels-Niederlassungen der Wikinger im Wolga-Gebiet, wo sie wohl auch Sklavenhandel betrieben, zudem handelten die Nordmänner vermutlich auch in Grönland mit den Inuit oder gar nordamerikanischen Indianern, was Funde in den ehemaligen Wikinger-Siedlungen von Bisonfellen und Braunbären, die nur in Nordamerika lebten, zeigen – und schließlich gründeten die Wikinger das heute irische Dublin.[6] Wenn das mal nicht *global* ist.

---

[6] Vgl. Anders Winforth, Die Wikinger. Das Zeitalter des Nordens, aus dem Amerikanischen von Susanne Held (Orig.: The Age of the Vikings), 3. Druckaufl., Stuttgart 2018.

Indem der Zeitgenosse Globalhistoriker nun den Begriff der „Globalisierung" in die Geschichte hineinträgt, verkennt er anscheinend den Eigenwert der Epochen der Menschheitsgeschichte.

„Der Begriff des historischen Akteurs ist aus der Geschichtswissenschaft nicht mehr wegzudenken." heißt es in R. Wenzlhuemers (München) Einführung in die Globalgeschichte.[7] Diese Feststellung ist manipulativ: Seine weiteren Ausführungen in diesem Einführungsband setzen sich mit jenem Begriff nämlich mitnichten hinsichtlich seines Ursprungs auseinander, der in der Historischen Sozialwissenschaft liegt und daher selbstverständlich „wegzudenken" wäre, nicht nur aus Sicht eines konservativen Historikers, der sich nicht in dieser geschichtswissenschaftlichen Strömung verortet, sondern auch insbesondere da dieses Projekt der Bielefelder Schule, auch von einem unpolitischen Standpunkt aus besehen, als wissenschaftlich misslungen bezeichnet werden darf bzw. kann.

Gleichwohl: Auch sich als konservativ auffassende Historiker können Historische Sozialwissenschaft betreiben. Und: Wäre schlicht von

---

[7] Wenzlhuemer, Globalgeschichte schreiben, S. 145.

‚Person' (statt ‚Akteur') die Rede, so wäre man schon mehr einverstanden, denn die ‚großen Männer' (u. a. Staatsmänner, Feldherren etc.) standen, wie oben angemerkt, in den Werken einiger Historiker des Historismus und auch bei Plutarch, dem antiken Biographen, im Mittelpunkt der Betrachtung.

Ein weiteres eindrückliches Beispiel für das Verhältnis der Globalgeschichte zu einer dezidiert, man verzeihe die Deutlichkeit, links-gerichteten politischen Auffassung liefern die Globalhistoriker R. Drayton und T. Motadel in einem unlängst erschienen Aufsatz: „Rather than a retreat from global history, we need it more than ever to fight against myths of imperial and national pasts, which often underpin nationalist populisms"[8] heißt es da eingangs. Hierzu sei Folgendes angemerkt:

Nicht nur verwechseln die beiden Globalhistoriker anscheinend erstens das Feld der Wissenschaft mit dem Feld der Politik, was ihnen aber verziehen sei, da auch der vorliegende Beitrag sich in dieser Grauzone einordnet. (Dennoch steht jener Artikel in einer wissenschaftlichen Fachzeitschrift, was ihn in dieser Hinsicht angreifbarer

---

8 Vgl. Richard Drayton / David Motadel, Discussion: the futures of global history, in: Journal of Global History (2018), 13, pp. 1–21, here p. 1.

macht als diesen, der in keinem akademischen Periodikum erscheint). Zweitens übersehen sie wohl, dass es ungeheuer viele deutschsprachige Historiker gibt, die nahezu ausschließlich die Geschichte Deutschlands in ihrem europäischen Kontext betrachten, also als – im unpolitischem Sinne – „Nationalhistoriker" bezeichnet werden können und aber gleichsam „nationalist populisms" ablehnen. Drittens sehen die Londoner Historiker vice versa nicht, dass nicht wenige Forscher existieren, die durchaus auch transnationale Geschichte betreiben (Universalgeschichte, Europäische Geschichte, Weltgeschichte etc.) und dabei – aus verschiedenen Gründen (wahrscheinlich, weil sie es für sehr unsinnig halten) – nicht gegen „myths of national pasts" respektive „nationalist populisms" anschreiben. Viertens missachtet das Statement, dass Geschichte auch und, zumindest meines Erachtens, besonders darin bestehen sollte, den Wandel politischer Strukturen, Ideen und Diskurse etc. eben *sine ire et studio* zu beschreiben und also nicht zuvörderst zu ‚bekämpfen' („fight"), wenn sie einem mal gerade nicht in den Kram passen: Klassische Geschichtsschreibung ist wohl in erster Linie die Analyse der Politikgeschichte, welche dem Historismus somit erfreulich nahesteht. Fünftens schaufeln die beiden der Globalgeschichte beinahe selbst ein Grab: Vermag es die Globalgeschichte tatsächlich, „nationalist populisms" zu ‚bekämpfen'? Missachten sie nicht, dass „nationalist populisms" global entstehen und also ebenso globalhistorisch untersucht werden können? Das derzeitige Aufkommen und Starkwerden der politischen, wenn man so möchte, Rechten ist doch ein beinahe globales Phänomen. Im Übrigen (ein Jux am Rande): Auch Globalgeschichte könnte – sechstens – zu einer mythenumrankten Nationalgeschichte verkommen, sollte eine Nation tatsächlich einmal den gesamten Globus beherrschen, was derzeit freilich nicht absehbar ist. Siebtens aber ist L. v. Ranke mitnichten einfach nur das „Symbol of nation-centred history"[9], er – der Begründer einer neuartigen, mehr oder weniger bis heute betriebenen Vorgehensweise in der Geschichtswissenschaft – schrieb eine neun-bändige Darstellung der *Weltgeschichte*. Hätten Drayton und Motadel nicht vielmehr – achtens – Treitschke und die kleinborussische Geschichtsschreibung nennen müssen? Dass diese aber politische Bewegungen, die im Volk entstanden, eher ablehnten, sei hier nur beiläufig

---

[9] Drayton / Motadel, Discussion, p. 4.

erwähnt. Neuntens aber: Selbst Alfred Rosenberg, Hauptideologe des Nationalsozialismus, versuchte sich ebenfalls an einer Art Weltgeschichtsschreibung.[10]

III.

Was böte einem Historiker Orientierung, der geschichtswissenschaftliche Trends à la Globalgeschichte, seien sie nun bloße Wissenschaftsparadigmen oder, wie skizziert, auch geschichtliche Denkweisen mit politischer Absicht, a priori zurückweist? Folgende drei Überlegungen seien kurz vorgestellt:

1. Dem Konservativen als Historiker gilt (nicht immer, aber oft) das wissenschaftliche Interesse an der deutschen Nation und ihrer Verfasstheit. Als Vorbild – aber nicht als Abbild – kann ihm mitunter die politisch agitierende, kleindeutsch-borussische

---

[10] Vgl. Frank-Lothar Kroll, Utopie als Ideologie. Geschichtsdenken und politisches Handeln im Dritten Reich: Hitler – Rosenberg – Darré – Himmler – Goebbels, Paderborn et al. 1998, S. 102. Da das Weltgeschehen genauso komplex ist wie die historische Wissenschaft, die jene abbildet, hat der Verf. es bislang immer gemieden, in wissenschaftlichen Texten politisch zu werden, was aber nicht bedeutet, keine eindeutigen und klare Urteile gefällt zu haben.

24

Schule des Historismus dienen.

2. Der apolitische, ungebundene Historiker widmet sich den verschiedensten historischen Objekten und Themen. Ihn kann bisweilen das Objektivitäts-Gebot eines L. v. Ranke anregen.

Es muss aber insgesamt klar sein, dass seriöse, nüchtern-sachliche, möglichst objektive wissenschaftliche Geschichtsschreibung und zuspitzende, kritische und stellungbeziehende politische Publizistik sich nicht ausschließen, sondern einander ergänzen können. Historiker, die diese Punkte erfüllen, sucht man hierzulande leider nahezu vergebens oder man trifft auf eine Art pseudo-nonkonformes akademisches Revoluzzertum.

Wir sehen: Der deutsche Historismus hat die Fundamente der modernen Geschichtswissenschaft gelegt. Der Historiker hierzulande nun braucht sich nicht zu scheuen, diese Grundlagen der deutschen Geschichtswissenschaft wieder stark zu machen, um neumodischen Forschungstrends, sofern sie ihm missfallen, zu trotzen. Welches Motiv auch immer, sei es nun unpolitischer oder politischer Art, ihn davon überzeugt: Der hiesige Historiker darf durchaus im Sinne des deutschen Historismus handeln, seine Schriften – so wie der Heidelberger Altphilologe Grethlein es für die griechisch-römische Antike eingemahnt hat[11] – *weiterdenken*.

[11] Vgl. Jonas Grethlein, Die Antike – das „nächste Fremde"?, in: Merkur. Deutsche Zeitschrift für europäisches Denken 72 (824), S. 22–35, hier S. 34: „Nicht das ‚nächste Fremde', die Fremdheit der sokratischen Welt, die uns zugleich noch betrifft, sondern die offene Denkbewegung des Textes regt uns zum Selbstdenken an."

Nachwort

Wie politisch sollte der Historikerverband sein? Wie politisch ist die Methode der Globalgeschichte?

Die zwei Essays haben versucht, jeweils den Finger in die Wunde zu legen. Eindeutige Positionierung, gespeist von Sachlichkeit, ist nicht nur erforderlich, sondern besonders auch notwendig für eine demokratische Streitkultur.